PICNICS
PERFECTOS

EDIMAT Libros

www.edimat.es

Contenido

Introducción

Organice un *picnic* y verá cómo es
uno de los grandes placeres de la vida.
A pesar de las variaciones del tiempo
–o justamente por ello–, ir de *picnic* nunca
deja de ser una aventura. Tanto si sólo
pone dos manzanas y unos bocadillos en
su mochila, como si organiza un gran
banquete, siempre hay algo de especial
en comer al aire libre.

Este libro le ayudará a preparar el *picnic*
ideal de principio a fin. Encontrará
consejos para preparar platos fáciles de
llevar como sopas, salsas frías y patés; una
selección de bocados ligeros; entrantes
y ensaladas deliciosas, así como postres y
pasteles.

Aunque no es necesario disponer
de instrumentos especiales, el hecho de
tenerlos asegura un gran éxito de su
picnic. Actualmente, disponemos de una
gran variedad de objetos destinados a los
picnics, tanto para transportarlos como
para servir la comida y la bebida una
vez instalados. Con todo esto no hay
excusa para no organizar un *picnic* de
lo más memorable. Así es que relájese y
disfrute de la comida y de la compañía:
al fin y al cabo éste es el gran placer de
comer fuera.

Consejos útiles

Llevar la comida y la bebida

Existen muchos tipos y medidas de
recipientes o fiambreras de plástico
rígido, que pesan menos y no se rompen
tan fácilmente, e incluso algunos tienen
compartimentos para salsas. Estos
recipientes deberían ponerse en bolsas
aislantes para así mantener los alimentos
fríos. Los aliños a partir de aceite deberían
ponerse en recipientes bien cerrados
para así evitar que se puedan derramar, y
agitarlos bien antes de añadir a la ensalada.

Para llevar bebidas frías y calientes, así
como sopas, busque algún termo de acero

*Arriba: un surtido de vajilla de picnic de
colores, fácil de llevar y que no se romperá
fácilmente.*

inoxidable, que podrá encontrar en
multitud de medidas, e intente escoger
uno con el cuello grande para así poder
servir mejor las sopas. Lleve agua mineral,
zumos y cerveza en botellas de plástico
o latas, que son más seguras que las de
cristal.

Para llevar los pasteles puede utilizar los
mismos moldes con los que los coció, una
vez estén fríos.

Vajilla

Empaquete platos y tazas de plástico, intentando llevar el mínimo de utensilios y concentrándose en los bocados o platos que se puedan comer con un tenedor. Actualmente existen muchos tipos de vajillas modernas, con variedad de diseños. Las vajillas de colores brillantes o las blancas son las que mejor lucen al aire libre. Es una gran idea disponer platos y cubiertos de distintos colores para cada uno de los comensales, ya que así son más fáciles de identificar.

Si cree que puede haber problemas con las botellas, compre vasos con pinchos en la base para que se claven en el suelo.

Una cesta de *picnic* luce más si contiene vajilla de porcelana, botellas y utensilios de cocina, intercalando platos y servilletas y envolviendo los vasos con trapos de cocina.

Deje el lugar tal como lo encontró

Deje siempre el sitio tan impecable como pueda. Sólo haga fuego en las áreas designadas para ello y asegúrese de que apaga bien el fuego después del *picnic*.

Siéntese confortablemente

Las mantas de *picnic* son bonitas pero normalmente se quedan pequeñas cuando se reúne mucha gente. Es mucho más práctico usar una sábana vieja, y además es mucho más fácil de limpiar. Extienda bastantes bolsas de basura debajo de la sábana para así aislarla de la humedad y la suciedad. Use bolsas de basura para llevarse los desperdicios cuando el *picnic* haya terminado.

Si organiza un *picnic* con más gente, decore la sábana vieja con bordados en forma de flores y en diferentes colores. Cosa algunas cintas en los extremos de la sábana y con la ayuda de clavos, clávela en el suelo para evitar que salga volando.

Use muchos cojines, así como sillas de exterior que sean cómodas para los invitados más mayores.

Lista de utensilios

Platos/cuencos
Tazas/vasos
Cubiertos
Servilletas
Sacacorchos
Sal y pimienta
Papel de cocina
Trapos
Tabla para cortar
Cucharas para servir
Cuchillos para preparar la comida
Manta de *picnic*, o sábana
Crema de protección solar
Repelente de insectos
Bolsas de basura

Recetas fáciles

Ponche de verano

Un buen *picnic* estival necesita un buen combinado como éste.

4-6 personas

INGREDIENTES
varias ramitas frescas de borraja
¼ de pepino
1 naranja pequeña
¼ de botella de *Pimm's*
    o ginebra fría
unas ramitas de menta fresca
    y/o bálsamo de limón
cubitos de hielo
1 botella de limonada, cerveza
    de jengibre o *ginger ale*

1 Para preparar las flores, quite los pétalos de las mismas.

2 Corte el pepino por la mitad a lo largo y luego córtelo en tiras finas. Corte la naranja en trozos pequeños dejando la piel y ponga en un cuenco junto con las tiras de pepino, la ginebra o *Pimm's*, la menta y/o el bálsamo de limón, las ramitas de borraja y los cubitos de hielo.

3 Añada la limonada, la cerveza de jengibre o el *ginger ale* y remueva suavemente. Sirva en vasos largos adornados con flores en el cuello de cada uno.

Salsa francesa
Salen unos 110 ml/3 ¾ fl de salsa

INGREDIENTES
6 cucharadas de aceite de oliva virgen
1 cucharada de vinagre de vino blanco
1 cucharadita de mostaza francesa
una pizca de azúcar extrafino

1 Vierta el aceite y el vinagre en una jarra con tapa y añada la mostaza y el azúcar.

2 Cierre la jarra y agite. Lleve esta salsa dentro de la jarra hasta el lugar donde se celebre el *picnic* y vuelva a remover antes de añadirla a la ensalada.

Sándwiches deliciosos

Elabore bastantes sándwiches y llévelos sin cortar, como por ejemplo el *pan bagna*, que está hecho de una *baguette* entera. Envuélvalos con papel antigrasa o papel de aluminio. Cuando llegue al lugar del *picnic*, córtelos en porciones.

Salmón ahumado y salsa Gravlax

Mezcle 2 cucharadas de mantequilla con una cucharadita de limón rallado y espárzalo sobre 4 rodajas de pan de centeno. Cúbralo con 115 g/4 oz de salmón ahumado y añada una hoja de endibia y una rodaja de limón. Vierta encima 4 cucharadas de salsa Gravlax. Decórelo con ramitas de eneldo.

Jamón de Parma, pesto y Mozzarella

Mezcle 2 cucharadas de pesto con 4 cucharadas de mayonesa. Se puede usar como relleno para rollitos si se le añade jamón de Parma, Mozzarella y tomates. Si se quiere, puede añadírsele un poco de albahaca fresca cortada a tiras.

Cebolla, espinacas y queso

Pique una cebolla y fríala hasta dorar. Enfríe. Disponga la cebolla en capas sobre el pan integral, así como las espinacas y el queso Cheddar rallado con un poco de mayonesa.

Crudités

Escoja una selección de verduras crudas crujientes, córtelas en tiras o bien rómpalas en cogollitos para servir como acompañamiento de salsas frías o patés.

Preparando ensaladas

1 Limpie y escurra las hojas quitando todos los nervios. Seque las hojas más grandes en un escurridor especial para ensaladas, y las pequeñas con papel de cocina.

2 Disponga las hojas limpias en bolsas de plástico, ciérrelas bien y guárdelas en el frigorífico.

Sopa de pepino y yogur al estilo de Oriente Medio

Esta sopa refrescante es perfecta para un día caluroso de verano.

4 personas

INGREDIENTES
1 pepino grande, pelado
1 ¼ tazas de nata líquida
⅔ de taza de yogur natural
2 dientes de ajo, majados
2 cucharadas de vinagre de vino blanco
1 cucharada de menta, picada
sal y pimienta negra
ramitas de menta
    para decorar

1 Ralle el pepino en trozos grandes y póngalo en un cuenco con la nata, el yogur, los ajos, el vinagre y la menta picada. Mezcle bien y sazone al gusto.

2 Enfríe unas 2 h antes de servir. Llévelo en un recipiente aislante para mantener frío.

3 Justo antes de servir, remueva bien la sopa y dispóngala en cuencos individuales, decorándola con ramitas de menta.

Sopa de boniato con pimiento rojo

Esta receta es la gran ganadora de cualquier *picnic*, por su colorido y gusto.

6 personas

INGREDIENTES
500 g/1 ¼ lb de boniatos
2 pimientos rojos (unos 225 g/8 oz)
    sin semillas y cortados en dados,
    y un poco más para decorar
    (opcional)
1 cebolla picada en trozos grandes
2 dientes de ajo grandes, majados
1 ¼ tazas de vino blanco seco
5 tazas de caldo vegetal
    o de pollo
salsa de Tabasco
    (opcional)
sal y pimienta negra
pan payés, para servir

1 Pele los boniatos y córtelos en dados. Ponga en una paellera junto con los pimientos, la cebolla, los ajos, el vino y el caldo. Lleve a ebullición y después deje cocer a fuego lento durante 30 min, o hasta que las verduras estén blandas.

2 Dispóngalo en una picadora y bata hasta que no haya grumos. Sazone con sal, pimienta y un poco de Tabasco, a su gusto.

3 Póngalo en un recipiente aislante para que se mantenga caliente aunque esta sopa también es deliciosa a temperatura ambiente. Se puede decorar con pimientos rojos cortados en dados. Sirva junto con pan payés.

Salsa especiada de zanahoria

Esta salsa destaca por su sabor picante y dulce, y es ideal para los nachos.

4 personas

INGREDIENTES
1 cebolla y 3 zanahorias
la corteza rallada y el zumo de 2 naranjas
1 cucharada de salsa de curry picante
⅔ de taza de yogur natural
hojas de albahaca fresca
2 cucharadas de zumo de limón
salsa de Tabasco
sal y pimienta negra

1 Corte la cebolla fina. Pele y ralle las zanahorias, dejando aparte un poco para decorar el plato al final. Ponga la cebolla, las zanahorias, la corteza y el zumo de las naranjas y la salsa curry en una sartén pequeña. Lleve a ebullición y después tape la sartén y deje cocer a fuego lento durante unos 10 min.

2 Pase la mezcla obtenida por una batidora hasta que quede una salsa fina y sin grumos. Deje enfriar. Remueva el yogur, añada las hojas de albahaca fresca en pequeños trozos y añada esta mezcla a la salsa de zanahoria, ya enfriada.

3 Añada el zumo del limón, el Tabasco, sal y pimienta al gusto. Sírvase a temperatura ambiente y decorado con las zanahorias ralladas que había reservado.

Salsa de judías *cannellini*

Una salsa suave perfecta para extender encima de galletas saladas de trigo.

4 personas

INGREDIENTES
400 g/14 oz de judías *cannellini* en lata
la corteza rallada y el zumo
    de un limón
2 cucharadas de aceite de oliva
1 diente de ajo, majado
2 cucharadas de perejil fresco, picado
salsa de Tabasco
cayena
sal y pimienta negra

1 Escurra las judías en un colador y enjuáguelas debajo de agua fría. Póngalas en un cuenco poco profundo.

2 Haga un puré con las judías y después añádale el zumo y la corteza del limón, junto con el aceite de oliva.

3 Remueva la mezcla y añada el ajo majado, el perejil, el Tabasco, la cayena, la sal y la pimienta al gusto.

4 Disponga la mezcla en un cuenco pequeño y espolvoree cayena. Deje enfriar hasta el momento de servir.

VARIACIÓN: Para elaborar esta salsa pueden usarse otro tipo de judías, como por ejemplo, los frijoles.

Paté de hígado de pollo con hisopo

Este paté, decorado con ramitas frescas, es un magnífico plato para una buena comida al aire libre. Acompáñelo con tomate o con ensalada, decorándolo con flores y hierbas.

6–8 personas

INGREDIENTES
4 cucharadas de mantequilla
115 g/4 oz de bacón cortado
   en trozos pequeños
2 dientes de ajo majados
1 cebolla pequeña, picada fina
450 g/1 lb de hígado de pollo, picado
4 cucharadas de flores de hisopo, sin tallo
4 cucharadas de jerez seco
4 cucharadas de nata enriquecida
1 cucharadita de zumo de limón
sal y pimienta negra

PARA LA GUARNICIÓN
6 cucharadas de mantequilla derretida
1-2 ramitas de hisopo

1 Derrita la mantequilla en una sartén, añada el beicon, la cebolla y los ajos y fría durante 4 min. Agregue el hígado de pollo y deje cocer unos 5 min más.

2 Sazone con sal y pimienta al gusto. Añada las flores de hisopo y el jerez seco y siga cociendo hasta que el líquido se haya evaporado.

3 Deje enfriar la mezcla y páselo por una licuadora, junto con la nata líquida y el zumo de limón.

4 Vierta la mezcla en un recipiente y añada por encima mantequilla fundida. Déjelo en la nevera toda la noche.

CONSEJOS: Éste es un excelente paté para congelar y comer más adelante. Sólo tiene que poner la mezcla obtenida en un recipiente hermético y etiquetarlo adecuadamente con la fecha de envasado.

5 Lleve el paté al *picnic* en un recipiente adecuado y sírvalo adornado con las ramitas de hisopo en flor.

VARIACIÓN: Si no encuentra hisopo, otra alternativa son las ramitas de tomillo.

Paté del recolector de setas

A los vegetarianos aficionados a los *picnics* les encantará este paté, que también será un éxito entre los no vegetarianos.

4 personas

INGREDIENTES

3 cucharadas de aceite vegetal
1 cebolla mediana, picada
½ rama de apio, picada
350 g/12 oz de surtido de setas silvestres
    y cultivadas, como por ejemplo
    champiñones, níscalos o *shiitake*,
    cortados en rodajas
⅔ de taza de lentejas rojas
2 ½ tazas de caldo vegetal
    o agua
1 rama de tomillo fresco
4 cucharadas de mantequilla
    de almendras o anacardos
1 diente de ajo, majado
25 g/1 oz de pan sin corteza
5 cucharadas de leche
1 cucharada de zumo de limón
4 yemas de huevo
sal de apio y pimienta
    negra

1 Precaliente el horno a 180 °C/350 °F. Aparte, caliente aceite en una sartén, añada el apio y la cebolla y deje dorar un poco. Agregue las setas y deje unos 3-4 min para que se ablanden. Separe una cucharada de esta mezcla.

2 Añada las lentejas, el caldo vegetal o agua y el tomillo, y lleve a ebullición sin tapar la sartén. Hierva 20 min o hasta que las lentejas se depositen en el fondo.

3 Ponga la mantequilla de almendras o anacardos, el ajo, el pan y la leche en un recipiente. Bátalo y logre una salsa fina.

4 Añada el zumo de limón y las yemas de huevo. Añada la mezcla que hemos batido y sazone al gusto. Finalmente, agregue la cucharada de setas que habíamos reservado.

5 Bátalo todo para convertirlo en una mezcla de 5 tazas y dispóngalo en un recipiente lleno de agua hasta la mitad. Tape y hornee durante 50 min. Déjelo enfriar antes de sacar del molde.

Bolitas rellenas de queso

Estos pastelitos salados, más fáciles de hacer de lo que se imagina, pueden comerse solos o rellenos. A continuación le damos algunas ideas para rellenarlos.

4 personas

INGREDIENTES
4 cucharadas de mantequilla
una pizca de sal
1 taza de agua
1 taza de harina
2 huevos y 1 yema
½ cucharadita de mostaza
    en polvo
½ cucharadita de cayena
½ taza de queso rallado,
    por ejemplo Cheddar

3 Vuelva a poner la sartén en el fuego y remueva con una cuchara de madera durante 1 min para que cuaje. Retire la sartén del fuego y deje enfriar unos 5 min.

1 Precaliente el horno a 220 °C/425 °F. Disponga la mantequilla, la sal y el agua en una sartén, y caliente.

2 Tamice la harina encima de una hoja de papel antiadherente y, fuera del fuego, viértala en la mezcla de mantequilla y agua, removiéndolo rápidamente para formar una gruesa pasta que no se pegue en los bordes de la sartén.

4 Bata los huevos y la yema al mismo tiempo y después añada la mostaza, la cayena y el queso rallado.

CONSEJOS: Una buena idea para rellenarlo es mezclar queso fresco, cebollino cortado en tacos pequeños, salmón ahumado o jamón.

5 Disponga una cucharada llena de masa encima de una bandeja y hornee durante 10 min. Baje la temperatura a 180 °C/350 °F, y cuézalo durante 15 min hasta que esté dorado. Deje enfriar en una bandeja metálica y sírvalo frío.

Hojas de parra rellenas

Esta versión vegetariana del conocido plato griego, donde se usan piñones y pasas, es excelente para una salida campestre.

40 porciones

INGREDIENTES
40 hojas de parra frescas
4 cucharadas de aceite de oliva
un trozo de limón y ensalada
    para servir (opcional)

PARA EL RELLENO
¼ de taza de arroz en grano
    largo, lavado
2 cebolletas, picadas finas
¼ de taza de piñones
¼ de taza de pasas sin semillas
2 cucharadas de hojas de menta,
    picadas
4 cucharadas de perejil, picado
¼ cucharadita de pimienta negra
sal

2 Disponga todos los ingredientes del relleno en un cuenco y remuévalos para conseguir una mezcla compacta.

3 Abra las hojas de parra y coloque un puñado de la mezcla de relleno en cada una.

4 Doble los dos lados externos de la hoja para evitar que se derrame el relleno y enrolle la hoja empezando por el lado del tallo.

5 Coloque las hojas de parra en un utensilio para cocer al vapor y alíñelo con un poco de aceite de oliva. Cueza unos 50 min o hasta que el arroz esté listo. Sírvase frío, solo o acompañado con trozos de limón y ensalada.

1 Utilizando un cuchillo o unas tijeras, corte los tallos gruesos de las hojas de parra. Escalde las hojas en una sartén con agua con sal hasta que empiecen a cambiar de color. Enjuáguelas y póngalas debajo del agua fría.

CONSEJOS: Si no encuentra hojas de parra frescas, puede usar 2 paquetes de hojas de parra en sal. Límpielas bien y después séquelas antes de usar.

Pastel de arroz con limón y hierbas aromáticas

Utilice esta original receta con arroz como entrante o como segundo plato.

4 personas

INGREDIENTES

1 puerro pequeño cortado
  en finas rodajas
2 ½ tazas de caldo de pollo
1 taza de arroz de grano corto
corteza de limón, rallada fina
2 cucharadas de cebollino
  fresco, picado
2 cucharadas de perejil, picado
¾ de taza de Mozzarella, rallada
sal y pimienta negra
ramas de perejil fresco y trozos
  de limón para decorar

1 Precaliente el horno a 200 °C/400 °F.
Engrase con aceite un molde bajo y
redondo de unos 21 cm/8 ½ in.

CONSEJOS: El mejor tipo de arroz
para cocinar esta especialidad es el
arroz italiano *arborio,* pero éste no
se encuentra fácilmente en los
establecimientos de alimentación.

2 Fría el puerro en una sartén grande
junto con 3 cucharadas del caldo,
removiendo con frecuencia. Añada
el arroz y lo que sobra del caldo.

3 Lleve a ebullición y luego deje
cocer a fuego lento durante unos
20 min, o hasta que el líquido se haya
absorbido.

4 Añada la corteza del limón picada,
las hierbas aromáticas y el queso. Vierta la
mezcla en el molde, cúbralo con papel y
deje cocer en el horno durante 30-35 min
aprox. o hasta que esté dorado. Retire
del horno y deje enfriar. Sirva en rodajas
decorado con trozos de perejil y de limón.

Pollo a la parmesana

Este bocado es realmente apetitoso si se sirve con una mayonesa hecha
a base de ajos.

4 personas

INGREDIENTES
4 pechugas de pollo
1 ½ tazas de pan rallado
½ taza de queso Parmesano,
    rallado
2 cucharadas de perejil fresco,
    picado
2 huevos batidos
4 cucharadas de mantequilla derretida
sal y pimienta negra

PARA LA MAYONESA
A BASE DE AJO
½ taza de mayonesa de
    buena calidad
½ taza de queso fresco
1 o 2 dientes de ajo,
    majados

2 Pase las pechugas por los huevos
batidos y luego rebócelas con la mezcla
anterior. Dispóngalo en una sartén y
fríalo. Deje enfriar unos 30 min.

3 Para elaborar la mayonesa, mézclela
con el queso fresco, los ajos y la pimienta
negra. Disponga la mezcla en un cuenco
pequeño que sea fácil de llevar.

1 Corte las pechugas de pollo en
4 o 5 trozos. Añada el pan rallado, el
perejil y el queso Parmesano en un
cuenco con poco fondo.

4 Precaliente el horno a 180 °C/350 °F.
Añada la mantequilla derretida encima de
los trozos de pollo y déjelo cocer 20 min
o hasta que estén crujientes. Retire del
horno y deje enfriar. Sirva con la salsa
de ajo.

Varitas de pollo

Estas alitas de pollo serán la gran atracción de cualquier salida campestre.
Como su nombre sugiere, se pueden comer con las manos.

12 unidades

INGREDIENTES
12 alitas de pollo,
   grandes
aceite para freír

PARA EL RELLENO
1 cucharada de harina
   de maíz
¼ cucharadita de sal
½ cucharadita de tomillo fresco
pimienta negra

PARA EL REBOZADO
3 tazas de pan rallado
2 cucharadas de semillas
   de sésamo
2 huevos batidos

1 Quite las puntas de las alitas y
guárdelas para hacer un caldo de pollo
en otra ocasión. Pele una parte de la alita,
quitando los huesos, y reserve la carne
para el relleno.

2 Pique la carne y póngala en un
cuenco. Añada los ingredientes del
relleno y mézclelo bien.

3 Con la ayuda de un cuchillo
afilado, pele el resto de las alitas y
quite la carne, haciendo que forme
un tipo de bolsillo.

4 Rellene los bolsillos que hemos
elaborado con el relleno. Para hacer el
rebozado mezcle el pan rallado con las
semillas de sésamo. Disponga 2 platos:
uno con los huevos batidos y otro con
el pan rallado.

5 Pase el pollo por el huevo y después
por el pan rallado para rebozarlo. Deje
enfriar y repita la operación para dar una
segunda capa más gruesa. Deje enfriar
hasta el momento de freír.

6 Precaliente el horno a 180 °C/350 °F. Fría en una sartén 2 o 3 varitas a la vez, dejándolas secar después en papel de cocina. Complete la cocción con unos 15-20 min en el horno. Retire del horno y deje enfriar.

Tartaletas de hinojo y lavanda

La lavanda combina a la perfección con el aroma del hinojo. Estas tartaletas tan apetitosas harán de cualquier *picnic* un éxito.

4 personas

INGREDIENTES
1 taza de harina
una pizca de sal
4 cucharadas de mantequilla,
    cortada en dados
2 cucharaditas de agua fría
ramitas frescas de lavanda,
    para decorar

PARA EL RELLENO
6 cucharadas de mantequilla
1 cebolla grande, picada fina
1 bulbo de hinojo, cortado
    en rodajas
2 cucharadas de flores de lavanda
    picadas, o 1 cucharada de lavanda
    seca, especial para cocina
2 yemas de huevo
⅔ de taza de crema francesa
sal y pimienta negra

1 Tamice la harina y la sal. Añádale la mantequilla y remueva. Agregue el agua poco a poco para que la masa se haga consistente y pueda formarse una pelota.

CONSEJOS: A lo mejor le resultará más fácil elaborar la masa con la ayuda de una batidora.

2 Estírela sobre una superficie enharinada para obtener piezas de unos 7,5 cm/3 in y dispóngalas en moldes para tartaletas. Deje enfriar.

3 Precaliente el horno a 200 °C/400 °F. Para elaborar el relleno disponga la mantequilla en una sartén y añada la cebolla, la lavanda y el hinojo. Cubra y deje a fuego lento unos 15 min hasta que esté dorado.

4 Forre los moldes y hornee durante 5 min. Quite después el papel y déjelo cocer unos 4 min más. Reduzca la temperatura del horno a 180 °C/350 °F.

5 Mezcle las yemas de huevo y la crema francesa. Añada la mezcla del relleno a los moldes. Finalmente, vierta un poco de crema francesa encima y hornee unos 10-15 min hasta que estén dorados y un poco hinchados. Deje enfriar y decórelos con flores de lavanda.

Pescado marinado

Este plato es justamente lo que cualquier comida campestre necesita, puesto que es muy sabroso y, sobre todo, muy fresco.

6-8 personas

INGREDIENTES
1,75 kg/4-4 ½ lb de filetes de atún o de lucio
6 cucharadas de mantequilla derretida
¼ de taza de jerez seco
sal y pimienta negra

PARA EL MARINADO
1 ⅔ tazas de agua
⅔ de taza vinagre de vino
⅔ de taza de caldo de pescado fresco
1 cebolla, cortada en rodajas finas
6 granos de pimienta negra
½ cucharadita de pimienta de Jamaica
2 clavos
1 hoja de laurel
1 ½ cucharadas de alcaparras, picadas
2 trozos de eneldo encurtido,
    cortado en dados
½ taza de aceite de oliva
ensalada, encurtidos y pan de centeno,
    para servir

1 Precaliente el horno a 180 °C/350 °F.
Disponga los filetes de pescado en una
bandeja para horno y píntelos con la
mantequilla. Vierta encima el jerez y
hornee unos 20-25 min o hasta que
el pescado esté tierno. Deje enfriar.

CONSEJOS: Para elaborar esta receta
intente buscar alcaparras en sal, más
sabrosas que las que están en vinagre.

2 Mientras tanto, haga hervir el agua,
el vinagre, el caldo de pescado, la cebolla,
el laurel y las especias durante 20 min.
Déjelo enfriar antes de añadir las
alcaparras, los encurtidos de eneldo
y el aceite de oliva.

3 Una vez los filetes de pescado
estén cocidos, vierta la mezcla para
el marinado y tápelo con film
transparente.

4 Déjelo en la nevera unas 24 h,
removiendo ocasionalmente. Sirva con
ensalada, encurtidos de eneldo y pan
de centeno.

Pollo crujiente

Estas aves pequeñas se elaboran a base de miel, consiguiendo, debido a este ingrediente, un glaseado espléndido. Resultan muy sabrosas si se asan hasta que la piel esté crujiente y dorada.

4 personas

INGREDIENTES
2 pollos de 900 g/2 lb
sal y pimienta negra
ensalada y trozos de lima
   para servir

PARA EL GLASEADO DE MIEL
2 cucharadas de miel
2 cucharadas de jerez
1 cucharada de vinagre

2 Para elaborar el glaseado de miel, mezcle la miel, el jerez y el vinagre. Pinte los pollos con este glaseado y sazone con sal y pimienta al gusto.

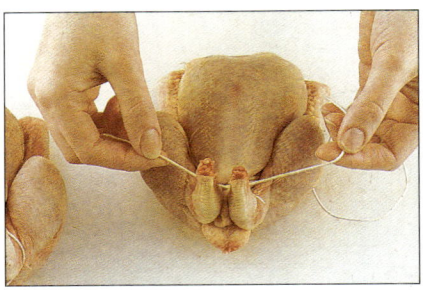

1 Precaliente el horno a 180 °C/350 °F. Ate los pollos con un cordel y páselos por debajo de agua hirviendo para que así la carne engorde. Seque con papel de cocina.

3 Hornéelos durante 45-55 min en la placa para el horno. Rocíelos bien con el glaseado de miel y deje hasta que estén crujientes y dorados.

CONSEJO: Parta y junte los pollos antes de llevarlos en la cesta para el *picnic* para que así sea más fácil servirlos y comerlos.

4 Retire los pollos del horno y deje enfriar. Sirva a temperatura ambiente, o fríos con ensalada y trozos de lima.

CONSEJOS: Este glaseado a base de miel también se puede usar con trozos de pollo ya precocinados, como muslos.

Pastel de caza al oporto

Éste es uno de los platos tradicionales de cualquier *picnic*.

8-10 personas

INGREDIENTES
4 tazas de harina
2 cucharaditas de sal
¾ de taza de manteca o margarina
¾ de taza de leche, o mitad leche
   y mitad agua
un huevo batido, para el glaseado
2 cucharaditas de gelatina en polvo
2 cucharadas de agua fría
sal y pimienta negra
ensalada para servir

PARA EL RELLENO
675 g/1 ½ lb de carne de caza magra,
   como por ejemplo, faisán o conejo
115 g/4 oz de tocino de veta sin corteza,
   en lonchas y picado
115 g/4 oz de carne de cerdo, picada
2 cucharadas de Oporto
2 cucharaditas de corteza de naranja
2 bayas de enebro
½ cucharadita de salvia seca

1 Precaliente el horno a 200 °C/400 °F.
Tamice la harina y la sal y dispóngalo
en un cuenco, dejando un espacio
circular en medio.

2 En una sartén, lleve a ebullición la
manteca junto con la leche o el agua.
Disponga esta mezcla en el espacio que
hemos dejado en el cuenco de harina y
amase bien. Envuelva esta masa con film
transparente y deje enfriar.

3 Para elaborar el relleno, mezcle todos
los ingredientes en un cuenco. Sazone
con sal y pimienta al gusto.

4 Con ⅔ de la masa conseguida
forre el molde en el que lo coceremos.
No recorte la masa del borde del
molde.

5 Añada al molde el relleno y pinte
los laterales con huevo batido. Cubra el
molde con la masa restante haciendo un
agujero en el medio. Recorte y ondule
los extremos de la pasta para que no
sobresalgan del molde. Decore el agujero
que hemos dejado con masa cortada en
formas divertidas.

6 Hornee el pastel unos 30 min. Baje la temperatura a 180 °C/350 °F y déjelo cocer 1 ¼ h, cubriendo con papel de aluminio si se quema demasiado. Una hora más tarde, despegue un poco el pastel del molde y pinte los extremos con el huevo batido. Vuélvalo a poner en el horno.

7 Espolvoree la gelatina en polvo en un cuenco con agua. Cuando note que está esponjosa, añada agua caliente hasta que se disuelva. Con la ayuda de un embudo, disponga la gelatina dentro del pastel y deje enfriar. Sirva en grandes rodajas y acompañado de un poco de ensalada mixta.

Tortilla de san Antonio

Esta sabrosa tortilla con verduras se caracteriza por ser muy fácil de llevar.
Métala en un recipiente hermético e incluso se puede consumir fría.

4 personas

INGREDIENTES

1 cucharada de aceite
½ cebolla cortada, en dados
1 pimiento verde, en rodajas
    y sin semillas
1 diente de ajo, majado
1 tomate, picado
6 aceitunas negras,
    deshuesadas
3 patatas pequeñas (unos 275 g/10 oz)
    cocidas y en rodajas
50 g/2 oz de chorizo en tiras
1 cucharada de jalapeños verdes
50 g/2 oz de queso Cheddar,
    rallado
6 huevos grandes
3 cucharadas de leche
una pizca de sal
¼ cucharadita de comino
    molido
¼ cucharadita de orégano seco
¼ cucharadita de páprika
pimienta negra molida
ramitas de perejil picado,
    para decorar

VARIACIÓN: Para vegetarianos,
simplemente omita el chorizo de
esta receta.

1 Precaliente el horno a 190 °C/375 °F.
Caliente un poco de aceite en una
sartén antiadherente y añada la cebolla,
el pimiento verde y el ajo. Déjelo cocer
a fuego medio unos 5-8 min hasta que
la cebolla y el pimiento estén blandos.

2 Disponga las verduras en un molde
de 23 cm/9 in de diámetro. Añada el
tomate, las aceitunas, las patatas, el chorizo
y los jalapeños. Espolvoree por encima el
queso y sepárelo.

3 En un cuenco, bata los huevos y la
leche. Añada la sal, el comino, el orégano,
la páprika y la pimienta negra al gusto.
Bátalo hasta que quede espumoso.

4 Vierta la mezcla en el molde y ladéelo para que se reparta uniformemente. Hornee 30 min hasta que esté dorado. Deje enfriar y sirva cortado en trozos y decorado con perejil.

Quiche mediterránea

Los aromas del tomate, los pimientos y las anchoas, combinados
a la perfección con la masa de queso de esta *quiche*, se disfrutan aún más
al comerse al aire libre.

12 personas

INGREDIENTES
2 tazas de harina
una pizca de sal
un poco de mostaza,
    en polvo
115 g/4 oz de mantequilla,
    cortada en dados
½ taza de queso Gruyère

PARA EL RELLENO
50 g/2 oz de anchoas en aceite
¼ de taza de leche
2 cucharadas de mostaza francesa
3 cucharadas de aceite de oliva
2 cebollas grandes en rodajas
1 pimiento rojo, sin semillas
    y en rodajas finas
3 yemas de huevo
1 ½ tazas de crema francesa
1 diente de ajo, majado
1 ½ tazas de queso Cheddar
    curado, rallado
2 tomates grandes,
    en rodajas gruesas
sal y pimienta negra
2 cucharadas de albahaca fresca,
    para decorar

1 Coloque la harina, la sal y la mostaza
en un cuenco para batidora. Añada la
mantequilla y bátalo bien hasta que
parezca pan rallado.

2 Añada el queso Gruyère y vuelva
a batir. Agregue unos cubitos de hielo
para conseguir una masa rígida. Estará
lista cuando se pueda formar una bola
con ella. Envuelva la masa en papel
transparente y déjela enfriar 30 min.

3 Mientras tanto, para elaborar el relleno,
remoje las anchoas en leche unos 20 min.
Séquelas bien con papel de cocina.

4 Extienda la masa y dispóngala en
un molde bajo de unos 23 cm/9 in.
Vierta la mostaza y déjelo reposar 15 min.
Precaliente el horno a 200 °C/400 °F.

5 En una sartén, caliente aceite y fría las cebollas y el pimiento rojo hasta que se vuelvan más blandos. En un cuenco aparte, bata las yemas de huevo, la crema francesa, el ajo y el queso Cheddar. Sazónelo al gusto con sal y pimienta negra.

6 Disponga los tomates en el molde creando una capa. Encima disponga las cebollas, el pimiento y las anchoas. Después, vierta la mezcla del huevo. Hornee unos 30-35 min y déjelo enfriar. Decórelo con albahaca antes de servir.

Boreg de champiñones

Esta versión del típico *boreg* turco hará las delicias de cualquier vegetariano.

4 personas

INGREDIENTES
⅓ de taza de cuscús
3 cucharadas de aceite de oliva
1 cebolla mediana, picada
225 g/8 oz de surtido de setas silvestres
    y cultivadas, como champiñones,
    ceps, hongos *chanterelles* o níscalos,
    cortados en rodajas
1 diente de ajo, majado
4 cucharadas de perejil fresco, picado
1 cucharadita de tomillo fresco
1 huevo duro
sal y pimienta negra

PARA LA SALSA DEL YOGUR
1 taza de yogur natural
3 cucharadas de menta fresca
½ cucharadita de azúcar extrafino
¼ cucharadita de cayena
¼ cucharadita de sal de apio
un poco de leche o agua
1 ramita de menta fresca,
    para decorar

PARA LA MASA
3 ½ tazas de levadura
1 cucharadita de sal
1 huevo y un poco más
    para el glaseado
⅔ de taza de yogur natural
⅔ de taza de aceite de oliva
corteza rallada de medio limón

1 Precaliente el horno a 190 °C/375 °F. Cubra el cuscús con agua hirviendo y déjelo en remojo 10 min o hasta que el líquido se haya absorbido.

2 Caliente aceite en una sartén y fría la cebolla unos minutos justo para que se ablande. Añada las setas y el ajo y fríalos hasta que no quede líquido. Páselo a un cuenco, añada el perejil, el tomillo y el cuscús y remuévalo bien. Ralle el huevo duro y agréguelo al cuenco de las setas.

3 Para elaborar la salsa, mezcle el yogur con la menta, el azúcar, la cayena y la sal de apio. Para conseguir una consistencia excelente añada un poco de leche o agua. Déjelo enfriar.

4 Para hacer la masa disponga la harina y la sal en un cuenco. Haga un agujero en el centro, donde añadirá el huevo, el yogur, el aceite y la corteza del limón. Remueva bien.

5 Vierta esta mezcla sobre una superficie enharinada y estírela hasta conseguir una masa redonda de unos 30 cm/12 in de diámetro. Coloque la mezcla del cuscús en el centro y pliegue los extremos para cerrarlo bien. Dispóngalo en una bandeja para horno y píntelo con huevo batido. Hornee 25 min y decore la salsa con menta. Sirva con el *boreg*.

Ensalada provenzal

Esta ensalada, de sabores bien definidos, es perfecta para cualquier *picnic* veraniego. Sírvala con pan payés y una botella de vino blanco bien frío y disfrute de su degustación.

4 personas

INGREDIENTES

115 g/4 oz de judías verdes, cortadas
115 g/4 oz de lechuga
½ pepino pequeño, en rodajas finas
4 tomates maduros, en trozos
200 g/7 oz de atún en aceite, escurrido
50 g/2 oz de anchoas en aceite, escurridas
4 huevos duros
½ manojo de rábanos, troceados
⅓ de taza de aceitunas negras
perejil fresco para decorar

PARA EL ALIÑO

6 cucharadas de aceite de oliva virgen
2 dientes de ajo, majados
1 cucharada de vinagre de vino blanco
sal y pimienta negra

1 Para elaborar el aliño bata el aceite, los ajos y el vinagre, y sazónelo al gusto con sal y pimienta.

2 Parta las judías y cuézalas en agua hirviendo durante 2 min hasta que estén tiernas, pero no muy cocidas. Escúrralas bien.

3 Mezcle las hojas de lechuga, el pepino, los tomates y las judías en una ensaladera grande y honda. Corte las anchoas a lo largo, desmenuce el atún, pele los huevos duros y trocéelos.

4 Esparza los rábanos, el atún y las anchoas, los huevos duros y las aceitunas encima de la ensalada. Sirva decorado con perejil.

Ensalada de hinojo y naranja

Es ideal para acompañar platos especiados o suntuosos.

4 personas

INGREDIENTES
2 naranjas
1 bulbo de hinojo
115 g/4 oz de hojas de lanzacohetes
⅓ de taza de aceitunas negras

PARA EL ALIÑO
2 cucharadas de aceite
   de oliva virgen
1 cucharada de vinagre
   balsámico
1 diente de ajo, majado
sal y pimienta negra

1 Con un cuchillo de pelar patatas pele las naranjas para conseguir tiras finas. Cuézalas unos minutos en agua hirviendo y escúrralas bien. Pele las naranjas quitando las partes blancas. Córtelas en rodajas finas, quitando las pepitas.

2 Corte el hinojo a lo largo y después, con la ayuda de una picadora o mandolina, en rodajas. Añádalo a las naranjas y dispóngalo en un cuenco. Vierta las hojas de lanzacohetes.

3 Para elaborar el aliño mezcle el aceite, el vinagre y el ajo. Viértalo en la ensalada y espolvoree con las aceitunas y las tiras de corteza de naranja.

Ensalada de berenjenas y alcaparras

4 personas

INGREDIENTES
1 berenjena grande (unos 675 g/1 ½ lb)
4 cucharadas de aceite de oliva
el zumo y la corteza de un limón
2 cucharadas de alcaparras
12 aceitunas verdes, deshuesadas
2 cucharadas de perejil fresco, picado
sal y pimienta negra

1 Corte la berenjena en dados. Caliente aceite en una sartén y fríala a fuego medio unos 10 min, removiendo frecuentemente, hasta que esté dorada. Puede que necesite hacerlo en 2 tandas. Séquela con papel de cocina y espolvoree una pizca de sal.

2 Disponga la berenjena en un cuenco grande, añádale la corteza del limón, su zumo, las alcaparras, las aceitunas y el perejil picado. Sazone al gusto y sirva frío.

CONSEJOS: Este plato aún resulta más delicioso si se hace el día antes. Déjelo en la nevera, tape y al servir añada piñones y virutas de queso Parmesano para usarlo como primer plato.

Derecha: Ensalada de hinojo y naranja (arriba); Ensalada de berenjena y alcaparras

Ensalada de pimiento asado

Esta ensalada atraerá a sus comensales por su espectacular colorido.

6-10 personas

INGREDIENTES
6 pimientos variados
    (rojos, verdes y amarillos)
6-8 cucharadas de aceite de oliva
sal y pimienta negra

1 Precaliente el horno a 190 °C/375 °F. Parta por la mitad los pimientos, desechando las semillas, y córtelos en tiras de 2,5 cm/1 in.

2 Disponga la mitad del aceite en un molde para asados y déjelo calentar en el horno unos minutos. Coloque los pimientos en capas en el molde, asegurándose de que queden bien cubiertos de aceite. Sazone al gusto y añada el aceite restante.

3 Ase los pimientos 20-30 min, moviéndolos para que los que estén en los bordes no se quemen.

4 Retire los pimientos del horno y deje enfriar. Con un cuchillo bien afilado, pélelos completamente y deje enfriar. Para servir, dispóngalos en grupos según el color del pimiento.

Ensalada *tabbouleh*

Este plato es aún más sabroso si se elabora un día antes de comerlo.

4-6 personas

INGREDIENTES
1 ⅓ tazas de trigo
1 pepino de unos
    15 cm/6 in de largo
2 tomates
3-4 cebollas
4 cucharadas de menta fresca
6 cucharadas de perejil fresco, picado
5 cucharadas de aceite de oliva
2 cucharadas de zumo de limón
sal y pimienta negra

1 Cubra el trigo con agua y déjelo en remojo en un cuenco unos 30 min. Escurra con la ayuda de un colador.

2 Pele y corte el pepino en dados. Pele los tomates introduciéndolos en agua hirviendo durante 1 min. Pique la pulpa de los tomates en trozos pequeños, apartando las semillas. Corte las cebollas en rodajas.

3 Mezcle el trigo escurrido con las verduras. Bata el aceite con el zumo de limón y los condimentos. Viértalo en el trigo y deje reposar.

Derecha: Ensalada tabbouleh (arriba);
Ensalada de pimiento asado

Ensalada de patatas

Para esta receta de Europa del Este puede usar tanto patatas nuevas como viejas, ya que conservarán su forma una vez cocidas.

6 personas

INGREDIENTES

675 g/1 ½ lb de patatas
3 cucharadas de aceite de oliva
4 lonchas de tocino de veta, ahumado
   y cortado en tiras
2 cucharaditas de zumo de limón
2 tallos de apio, picados
2 pepinillos en vinagre, en dados
1 cucharadita de mostaza alemana
3 cucharadas de mayonesa
2 cucharadas de cebollino fresco, picado
   y un poco más para decorar
1 cucharada de eneldo fresco, picado
   y un poco más para decorar
sal y pimienta negra
hojas de lechuga
   para servir

1 Cueza las patatas peladas durante 15 min o hasta que estén tiernas. Escúrralas y deje enfriar 5 min. Córtelas en dados gruesos y deje aparte en un cuenco.

CONSEJOS: La mostaza alemana es característica por su sabor suave, lo que la hace ideal para acompañar concretamente salchichas, jamón o tocino de veta.

2 Mientras, caliente una cucharada de aceite en una sartén y fría el tocino de veta 5 min hasta que esté crujiente. Sepárelo.

3 Añada a la sartén lo que queda del aceite y el zumo del limón. Añada después los tomates en rodajas, el apio, el pepino y la mitad del tocino. Remuévalo bien y luego déjelo enfriar.

4 En un cuenco aparte mezcle la mostaza, la mayonesa, las hierbas aromáticas y un poco de condimento. Añada la lechuga y espolvoree con el tocino sobrante. Decórelo con hierbas y sirva con hojas de lechuga.

Ensalada de col con frutos secos

Una mezcla deliciosa y muy nutritiva, combinada con un aliño ligero de mayonesa.

6 personas

INGREDIENTES
225 g/8 oz de col blanca
1 zanahoria grande
¾ de taza de albaricoques
    confitados
½ taza de nueces
½ taza de avellanas
¾ de taza de pasas
2 cucharadas de perejil fresco,
    picado, o cebollino
7 cucharadas de mayonesa
5 cucharadas de yogur natural
sal y pimienta negra
cebollino fresco, picado
    para decorar

1 Corte la col a tiras, ralle la zanahoria en trozos grandes y póngalo en un cuenco. Pique los albaricoques y los frutos secos. Añádalo a la col junto con las pasas y las hierbas aromáticas.

2 En un cuenco aparte, mezcle el yogur con la mayonesa y sazone al gusto. Añada a la mezcla de col y remueva bien.

3 Cubra el cuenco y deje reposar en un sitio fresco unos 30 min antes de servir, para que los sabores se mezclen. Sirva decorado con cebollino picado.

Ensalada de capuchina

Esta espectacular ensalada dejará boquiabiertos a todos sus invitados.

4–6 personas

INGREDIENTES
16 hojas de capuchina frescas
hojas para la ensalada
2-3 remolachas, cocidas
16 flores de capuchina, sin tallos
4-6 capullos de capuchina

PARA EL ALIÑO
4 semillas de capuchina,
    trituradas
4 cucharadas de aceite de oliva o de nuez
2 cucharaditas de vinagre balsámico
    o de vino blanco
sal y pimienta negra

1 En un cuenco para ensaladas cree una pared de hojas de capuchina en uno de los bordes. Deje un espacio y cree en medio del cuenco otra pared de hojas para ensalada.

2 Corte las remolachas en rodajas finas y sitúelas en capas entre las dos paredes que hemos creado. Decórelo con flores y capullos de capuchina, reservando una flor entera para colocarla en el centro.

3 Mezcle los ingredientes del aliño y póngalo en un recipiente para llevarlo separado. Antes de servir, vierta el aliño encima de la ensalada.

Pastel de queso al limón con frutos del bosque

Este exquisito postre deleitará a los ojos así como al apetito de todos los comensales.

8 personas

INGREDIENTES
4 cucharadas de mantequilla
2 cucharadas de azúcar moreno
3 cucharadas de melaza refinada
1 taza de copos de cereales
10 g/¼ oz de gelatina en polvo
1 taza de crema de queso
½ taza de yogur griego
⅔ de taza de nata líquida
zumo y la corteza rallada
    de 2 limones
½ taza de azúcar extrafino
2 huevos
azúcar fino para espolvorear
225 g/8 oz de frutos del bosque como
    moras, frambuesas o grosellas
    para decorar

1 En una sartén fría la mantequilla, el azúcar moreno y la melaza hasta que esté bien disuelto. Separe del fuego y vierta los copos de cereales.

2 Disponga la mezcla en un molde redondo de 20 cm/8 in de diámetro. Déjelo enfriar 30 min.

VARIACIÓN: Si lo prefiere, puede usar galletas digestivas trituradas en lugar de maíz.

3 En un cuenco ponga 3 cucharadas de agua y eche la gelatina. Déjelo en remojo unos minutos. Ponga el cuenco sobre una olla con agua hirviendo y remueva hasta que la gelatina se disuelva.

4 En otro cuenco ponga el queso, la nata, el yogur, la corteza y el zumo del limón, el azúcar y las yemas de huevo. Bátalo hasta que quede espumoso y uniforme.

5 Añada la gelatina a la mezcla y bátalo bien. Monte las claras de huevo y viértalas en la mezcla de queso.

6 Vierta esta mezcla en el molde y ladee para que quede plano. Déjelo enfriar 4-5 h hasta que haya cuajado. Decórelo con fruta fresca justo antes de servir, glaseándolo con azúcar. Sirva en rodajas.

Tarta de manzana a la francesa

Para darle un mayor sabor, esparza almendras por encima de este pastel.

8 personas

INGREDIENTES
½ taza de mantequilla blanda
4 cucharadas de azúcar de vainilla
1 huevo
2 tazas de harina

PARA EL RELLENO
4 cucharadas de mantequilla
5 manzanas grandes, peladas
   y en rodajas
zumo de medio limón
1 ¼ tazas de nata enriquecida
2 yemas de huevo
2 cucharadas de azúcar de vainilla
½ taza de almendras tostadas,
   molidas
2 cucharadas de almendras
   en copos, para decorar

1 Disponga la mantequilla y el azúcar de vainilla en una batidora. Añada el huevo y bata bien.

2 Añada la harina y bata hasta conseguir una masa suave. Envuelva en papel transparente y deje enfriar 30 min.

3 Estire la masa en una superficie enharinada y luego incorpórela en el molde para tartaletas. Déjelo enfriar 30 min.

4 Precaliente el horno a 220 °C/425 °F. Disponga el molde con papel antigrasa y hornee 10 min. Retire el papel y deje cocer 5 min más.

5 Reduzca la temperatura del horno a 190 °C/375 °F. Para elaborar el relleno, derrita la mantequilla en una sartén y saltee las manzanas durante 5-7 min. Agregue las manzanas y el zumo del limón.

6 Bata la nata y las yemas junto con el azúcar. Añada las almendras tostadas. Disponga las rodajas de manzana encima de la tartaleta y ponga encima la mezcla de nata.

7 Hornee durante 25 min o hasta que la nata se haya cocinado (sabe mejor si la crema todavía se mueve en el centro). Transporte en su plato y sirva frío, adornado con almendras.

Roulade de limón con requesón

Con un relleno muy sabroso, es un postre ideal para cualquier *picnic*.

8 personas

INGREDIENTES
4 huevos
½ taza de azúcar extrafino
la corteza rallada de 2 limones
1 cucharadita de esencia
    de vainilla
¼ de taza de almendras molidas
⅓ de taza de harina tamizada
3 cucharaditas de azúcar,
    para espolvorear

PARA EL REQUESÓN DE LIMON
1 ¼ tazas de nata enriquecida
4 cucharadas de requesón de limón

1 Precaliente el horno a 190 °C/375 °F.
Engrase un molde de 33 x 23 cm/
13 x 9 in y fórrelo con papel para horno.

2 En un cuenco grande, bata las yemas
de huevo con la mitad del azúcar hasta
que esté espumoso. Añada la corteza de
limón, la esencia de vainilla, las almendras
y la harina.

3 Monte las claras de huevo y poco
a poco vierta el azúcar sobrante para
formar un merengue. Vierta la mitad de
esta mezcla en el cuenco con las yemas
e incorpore los ingredientes que faltan.

4 Vierta en el cuenco, extendiendo la
mezcla uniformemente, y hornee 10 min
o hasta que esté espumoso. Cubra con
un trapo de cocina húmedo y deje enfriar
en el mismo molde.

5 Para elaborar la crema de limón,
monte las claras a punto de nieve y
agregue el requesón de limón. Sobre
papel antiadherente espolvoree un poco
de azúcar glasé y disponga el requesón
de limón por encima, dejando un espacio
en los extremos.

6 Use el papel como guía y enrolle la *roulade*. Transporte este plato envuelto en el papel y quítelo antes de servir. Sirva cortado en rodajas.

Pastel de almendras y naranja

Se trata de un pastel muy versátil y además fácil de llevar. Puede comerse solo o acompañado, con las ideas que le proponemos a continuación.

8 personas

INGREDIENTES
1 naranja grande
3 huevos
1 taza de azúcar extrafino
1 cucharadita de levadura en polvo
2 tazas de almendras molidas
$\frac{1}{4}$ de taza de harina
azúcar para espolvorear
nata montada y rodajas
    de naranja para servir
    (opcional)

1 Limpie la naranja y agujerécla con una brocheta. Lleve a ebullición en una olla llena de agua. Reduzca la temperatura, cubra y deje cocer 1 h o hasta que la corteza esté blanda. Escurra y deje enfriar.

2 Precaliente el horno a 180 °C/350 °F. Engrase un molde redondo de 20 cm/ 8 in y fórrelo con papel especial para horno. Parta la naranja y quítele las pepitas. Una vez pelada, tritúrela en una batidora.

3 En un cuenco, bata los huevos y el azúcar hasta que quede espumoso. Añada la levadura, la harina y las almendras molidas. Remueva y vierta el puré de naranja.

4 Vierta la mezcla en el molde y hornee 1 h, o hasta que introduciendo un palillo salga seco. Deje enfriar 10 min y sáquelo del molde, quitando también el papel. Deje enfriar completamente.

5 Espolvoree la parte superior con azúcar y sírvalo con nata montada. Para añadir un poco de color, disponga rodajas de naranja debajo del pastel antes de servirlo.

CONSEJOS: Es muy importante cocer la naranja suavemente al principio para que esté blanda antes de triturarla. No use el microondas pensando en ir rápido, ya que esto hará que la corteza de la naranja esté más dura.

Mini *focaccia* con piñones

Los piñones añaden una textura afrutada a estos panes
de origen italiano.

4 panes pequeños

INGREDIENTES
3 tazas de harina
½ cucharadita de sal
2 cucharaditas de levadura
1 taza de agua tibia
3 cucharadas de aceite
    de oliva
3-4 cucharadas de piñones
2 cucharaditas de sal

1 Tamice la harina y la sal en un cuenco
grande. Agregue la levadura y remueva
bien. Deje un agujero en el centro,
donde añadirá el agua y 2 cucharadas
de aceite. Añada más agua si la mezcla le
resulta demasiado seca. Vierta la mezcla
sobre una superficie enharinada y amase
durante 10 min.

2 Disponga la masa en un cuenco
engrasado, cúbralo y deje en un lugar
caliente durante 1 h, para que doble
su medida. Dé unos golpecitos y amase
unos 2-3 min.

3 Divida la masa en 4 partes iguales.
Coja cada una y moldee con las manos
hasta lograr formas redondeadas de más
o menos 10 x 7,5 cm / 4 x 3 in.
Dispóngalas sobre papel de horno
ligeramente untado de aceite.

4 Añada los piñones e introdúzcalos
ligeramente en los panes. Espolvoree
con sal y vierta un poco de aceite
de oliva. Cubra los panes con papel
transparente y déjelos reposar 30 min.

5 Precaliente el horno a 220 °C/425 °F. Hornee los panes unos 15-20 min hasta que estén dorados. Deje enfriar antes de servir.

VARIACIÓN: Para cambiar un poco, puede variar el acompañamiento de estos mini panes. Combinan muy bien con romero fresco, tomates o queso Parmesano.

Pan de pétalos y semillas

Las semillas de girasol suelen combinar muy bien con panes y bollos.
En esta receta, también se incluyen sus pétalos. Para añadir un poco de color
a esta receta puede agregarle algunas hebras de azafrán.

Un pan de unos 500 g/1 ¼ lb

INGREDIENTES
½ bolsita de azafrán
   (opcional)
½ taza de semillas
   de girasol
275 g/10 oz de mezcla
   para pan
1 cucharada de granos de
   mostaza o semillas de cebolla
1 cucharada de curry
pétalos de 1 girasol
sal y pimienta negra
leche para glasear

1 Si usa azafrán, dispóngalo en
un cuenco con 2 cucharadas de agua
hirviendo y deje reposar 5 min. En una
sartén, fría los pétalos de girasol unos
3-4 min hasta que empiezan a dorarse.
Deje enfriar.

2 Ponga la mezcla para pan en un
cuenco con el azafrán y añada las
2 cucharadas de semillas de cebolla
o mostaza, el curry y sazón al gusto.
Añada también los pétalos de girasol
a la mezcla y ¾ de taza de agua caliente.
Remueva para formar una masa fina.

CONSEJOS: Un método sencillo
para hacer *baguettes* de girasol es
comprar masa para pan ya preparada
y espolvorear los pétalos por encima
antes de hornear. Este pan es un
acompañamiento ideal para cualquier
tipo de *picnic*.

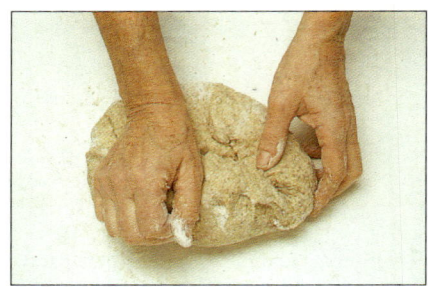

3 Viértalo encima de una superficie
enharinada y trabaje durante 5 min.

VARIACIÓN: Este pan es igual de
sabroso si no disponemos de semillas
de girasol.

4 Disponga la mezcla en un molde para pan de unos 500 g/1 ¼ lb engrasado previamente, y cubra con papel transparente. Deje reposar en un sitio caliente hasta que la masa haya aumentado hasta llenar todo el molde. Precaliente el horno a 220 °C/425 °F.

5 Pinte la superficie con leche, márquelo varias veces en diagonal y espolvoree las semillas sobrantes por encima. Hornee 15 min hasta que esté dorado, luego reduzca la temperatura a 180 °C/350 °F y cueza 15 min más. Quítelo del molde y deje enfriar.

Notas

Para las recetas, las cantidades se expresan utilizando el Sistema Métrico Decimal y el Sistema Británico, aunque también pueden aparecer en tazas y cucharadas estándar. Siga uno de los sistemas, tratando de no mezclarlos, ya que no se pueden intercambiar.

Las medidas estándar de una taza y una cucharada son las siguientes:

1 cucharada = 15 ml

1 cucharadita = 5 ml

1 taza = 250 ml/8 fl oz

Utilice huevos medianos a menos que se especifique otro tamaño en la receta.

Abreviaturas empleadas:

kg = kilogramo

g = gramo

lb = libra

oz = onza

in = pulgada

l = litro

ml = mililitro

fl oz = onza (volumen)

h = hora

min = minuto

s = segundo

cm = centímetro

ISBN: edición tapa dura 84-9764-040-3   -   edición rústica 84-9764-080-2
Depósito legal: edición tapa dura M-31396-2002   -   edición rústica M-31436-2002
Impreso en: COFÁS

Traducido por: Traduccions Maremagnum MTM

Fotografía: Karl Adamson, Edward Allwright,
James Duncan, Ian Garlick, Michelle Garrett,
Amanda Heywood, David Jordan, William Lingwood,
Patrick McLeavey, Debbie Patterson.

IMPRESO EN ESPAÑA – *PRINTED IN SPAIN*